西白虎 · 三

낭송 선어록

낭송Q시리즈 서백호 03
낭송 선어록

발행일 초판1쇄 2015년 2월 4일(乙未年 戊寅月 辛亥日 立春) │ **풀어 읽은이** 문성환 │
펴낸곳 북드라망 │ **펴낸이** 김현경 │ **주소** 서울시 중구 청파로 464, 101-2206(중림동,
브라운스톤서울) │ **전화** 02-739-9918 │ **이메일** bookdramang@gmail.com

ISBN 978-89-97969-55-5 04220 978-89-97969-37-1 (세트) │ 이 도서의 국립중앙도서
관 출판시도서목록(CIP)은 서지정보유통지원시스템 홈페이지(http://seoji.nl.go.kr)
와 국가자료공동목록시스템(http://www.nl.go.kr/kolisnet)에서 이용하실 수 있습니
다.(CIP제어번호: CIP2015001985) │ 이 책은 저작권자와 북드라망의 독점계약에 의해
출간되었으므로 무단전재와 무단복제를 금합니다. 잘못 만들어진 책은 서점에서 바꿔
드립니다.

책으로 여는 지혜의 인드라망, 북드라망 www.bookdramang.com

낭송
Q
시리즈

서백호
03

낭송
선어록

문성환
풀어
읽음

고미숙
기획

티

▶낭송Q시리즈 「낭송 선어록」 사용설명서◀

1. '낭송Q'시리즈의 '낭송Q'는 '낭송의 달인 호모 큐라스'의 약자입니다. '큐라스'(curas)는 '케어'(care)의 어원인 라틴어로 배려, 보살핌, 관리, 집필, 치유 등의 뜻이 있습니다. '호모 큐라스'는 고전평론가 고미숙이 만든 조어로, 자기배려를 하는 사람, 즉 자신의 욕망과 호흡의 불균형을 조절하는 능력을 지닌 사람을 뜻하며, 낭송의 달인이 호모 큐라스인 까닭은 고전을 낭송함으로써 내 몸과 우주가 감응하게 하는 것이야말로 최고의 양생법이자, 자기배려이기 때문입니다(낭송의 인문학적 배경에 대해 더 궁금하신 분들은 고미숙이 쓴 「낭송의 달인 호모 큐라스」를 참고해 주십시오).

2. 낭송Q시리즈는 '낭송'을 위한 책입니다. 따라서 이 책은 꼭 소리 내어 읽어 주시고, 나아가 짧은 구절이라도 암송해 보실 때 더욱 빛을 발합니다. 머리와 입이 하나가 되어 책이 없어도 내 몸 안에서 소리가 흘러나오는 것, 그것이 바로 낭송입니다. 이를 위해 낭송Q시리즈의 책들은 모두 수십 개의 짧은 장들로 이루어져 있습니다. 암송에 도전해 볼 수 있는 분량들로 나누어 각 고전의 맛을 머리로, 몸으로 느낄 수 있도록 각 책의 '풀어 읽은이'들이 고심했습니다.

3. 낭송Q시리즈 아래로는 동청룡, 남주작, 서백호, 북현무라는 작은 묶음이 있습니다. 이 이름들은 동양 별자리 28수(宿)에서 빌려 온 것으로 각각 사계절과 음양오행의 기운을 품은 고전들을 배치했습니다. 또 각 별자리의 서두에는 판소리계 소설을, 마무리에는 「동의보감」을 네 편으로 나누어 하나씩 넣었고, 그 사이에는 유교와 불교의 경전, 그리고 동아시아 최고의 명문장들을 배열했습니다. 낭송Q시리즈를 통해 우리 안의 사계를 일깨우고, 유(儒)·불(佛)·도(道) 삼교회통의 비전을 구현하고자 한 까닭입니다. 아래의 설명을 참조하셔서 먼저 낭송해 볼 고전을 골라 보시기 바랍니다.

▷ 동청룡: 「낭송 춘향전」, 「낭송 논어/맹자」, 「낭송 아함경」, 「낭송 열자」, 「낭송 열하일기」, 「낭송 전습록」, 「낭송 동의보감 내경편」으로 구성되어 있습니다. 동쪽은 오행상으로 목(木)의 기운에 해당하며, 목은 색으로는 푸른색, 계절상으로는 봄에 해당합니다. 하여 푸른 봄, 청춘(靑春)의 기운이

가득한 작품들을 선별했습니다. 또한 목은 새로운 시작을 의미하기도 합니다. 청춘의 열정으로 새로운 비전을 탐구하고 싶다면 동청룡의 고전과 만나 보세요.

▷ 남주작 : 『낭송 변강쇠가/적벽가』, 『낭송 금강경 외』, 『낭송 삼국지』, 『낭송 장자』, 『낭송 주자어류』, 『낭송 홍루몽』, 『낭송 동의보감 외형편』으로 구성되어 있습니다. 남쪽은 오행상 화(火)의 기운에 속합니다. 화는 색으로는 붉은색, 계절상으로는 여름입니다. 하여, 화기의 특징은 발산력과 표현력입니다. 자신감이 부족해지거나 자꾸 움츠러들 때 남주작의 고전들을 큰소리로 낭송해 보세요.

▷ 서백호 : 『낭송 흥보전』, 『낭송 서유기』, 『낭송 선어록』, 『낭송 손자병법/오자병법』, 『낭송 이옥』, 『낭송 한비자』, 『낭송 동의보감 잡병편 (1)』로 구성되어 있습니다. 서쪽은 오행상 금(金)의 기운에 속합니다. 금은 색으로는 흰색, 계절상으로는 가을입니다. 가을은 심판의 계절, 열매를 맺기 위해 불필요한 것들을 모두 떨궈 내는 기운이 가득한 때입니다. 그러니 생활이 늘 산만하고 분주한 분들에게 제격입니다. 서백호 고전들의 울림이 냉철한 결단력을 만들어 줄 테니까요.

▷ 북현무 : 『낭송 토끼전/심청전』, 『낭송 노자』, 『낭송 대승기신론』, 『낭송 동의수세보원』, 『낭송 사기열전』, 『낭송 18세기 소품문』, 『낭송 동의보감 잡병편 (2)』로 구성되어 있습니다. 북쪽은 오행상 수(水)의 기운에 속합니다. 수는 색으로는 검은색, 계절상으로는 겨울입니다. 수는 우리 몸에서 신장의 기운과 통합니다. 신장이 튼튼하면 청력이 좋고 유머감각이 탁월합니다. 하여 수는 지혜와 상상력, 예지력과도 연결됩니다. 물처럼 '유동하는 지성'을 갖추고 싶다면 북현무의 고전들과 함께해야 합니다.

4. 이 책 『낭송 선어록』은 『벽암록』(碧巖錄), 『무문관』(無門關), 『종용록』(從容錄) 등에 수록된 선사들의 어록을, 풀어 읽은이가 그 편제를 새롭게 하여 엮은 발췌 편역본입니다.

차 례

머리말

낭송하는
선어록

1.

이 책은 선사禪師들의 대화를 모은 선어록禪語錄집이다. 대화 형식으로 이루어져 있지만 일반적이고 일상적인 대화 기록은 아니다. 선사들의 이러한 대화는 특별히 '화두'話頭라고 부른다. 주지하다시피 화두란 선불교에서 선禪 수행에 사용되는 간결하면서도 역설적인 물음 등을 뜻한다. 그러니까 우리는 지금 선불교의 공부 재료들을 만나려 하고 있는 중이다.

화두는 다른 말로 공안公案이라고도 한다. 공안이란 말은 중국에서 법원의 재판 판례문 등을 가리키는 말이었다. 그러므로 화두는 시비를 가르는 판결문처럼 분명해야 하고 누구나 따를 수 있도록 절대적 경지와도 통한다. 흔히 뜬구름 잡는 이야기라거나 동문서답 등으로 오해되는 선문답의 이미지는 사실에 있어서는 날카롭고 선득한 선어禪語들의 특징을 이해하지 못한 결과였다고 할 수 있다.

여기 모아 놓은 선어록들은 한 편 한 편이 화두요 공안이다. 하지만 또한 이 글들은 선사들의 이야기들이기도 하다. 예컨대 이 작품들 각각은 누군가에게는 일생의 공부거리이지만 또 누군가에는 그저 재미있는 한 편의 이야기들이다. 어렵게 읽자면 평생의 고민이지만 쉽게 보자면 흥미진진한 생각의 덩어리들이라는 뜻이다.

선문답은 사실 아무리 가볍게 읽어 보려 해도 읽는 행위 자체가 쉽지 않다. 이유는 간단하다. 통상적으로 선문답은 질문자와 대답하는 사람 사이의 대화가 상식(!)적인 의미 결합을 따르지 않기 때문이다. 예를 들면 이런 식이다.

한 스님이 운문화상에게 물었다. "한 생각도 일으키지 않는다면 허물이 있습니까, 없습니까?"
운문화상이 대답했다. "수미산須彌山."

운문화상의 유명한 '수미산' 공안이다. 이 공안에서 운문이라는 선의 고승을 찾아온 한 스님은 묻는다. 한 생각도 일으키지 않았는데 여기에도 허물이 있습니까? 이 스님의 질문은 이런 뜻을 가지고 있을 것이다. 즉 불교는 작은 분별심도 잘못이라고 가르치는 것이니 그렇다면 어떠한 생각도 일으키지 않은 순간에 대해서는 어떻게 얘기할 수 있느냐는 것. 이에 대한 운문화상의 대답은 '수미산'이다. 통상적인 의미 흐름을 쫓아가자면 허물이 수미산만큼 크다(혹은 많다)는 의미일 것이다. 그런데 과연 운문화상의 이 말은 스님의 질문에 대한 대답인 것일까.

　결론부터 말하자면 운문화상의 이 말은 질문자의 질문에 대해서도 작동하고 질문을 피해서도 작동한다. 선문답은 이런 식으로 말과 말 사이의 의미 관계를 해체하고 질문 자체를 무화시킨다. 왜 의미 관계를 해체하고 질문 자체를 무화시키는가. 습관적으로 작동하던 말의 길을 순간적으로 단호하게 끊어 버림으로써 그 말 길이 끊어진 곳에서 필사적으로 어떻게든 길을 뚫어 내도록 하기 위함이다. 임제선사의 할[喝]이나 덕산화상의 방망이[棒]도 극한의 지점으로 상대를 내몬다는 점에서 궁극적으로 그 자비심의 원천은 같다고 할 수 있다. 단칼에 숨통을 찔러 오는 자비심.

2.

하지만 문제는 금욕이 아니라, 즐기는 것이다. 아무리 선禪의 기봉이 높다 해도 화두라는 게 그 앞에서 누구든 깨닫기 전까지는 짓눌려 있을 수밖에 없는 것이라면 그것은 그 수행자를 위해서도, 나아가 선을 위해서도 결코 바람직하다고 할 수 없다. 한 철학자의 말처럼 우리는 깊이와 무게를 혼동해서는 안 된다.

선은 자유이고 저항이다. 무엇보다도 기존의 권위에 굴복하지 않는다는 점에서, 모든 말의 형식을 부숴 버린다는 점에서 그렇다. 부서져 버린 자리가 이전보다 어설플 수도 있고 애써 새로 구축한 삶의 길이 더욱 허망하게 무너져 버릴 수도 있다. 하지만 걱정할 필요 없다. 조사니 부처니 하는 말들에 권위를 부여하는 것이야말로 선의 세계에서는 씻지 못할 조롱거리가 될 것이기 때문이다.

또한 선은 평등이다. 화두 안에서 선사들과 평범한 질문자는 사제 관계의 형식을 띠지만, 그렇다고 이들의 관계가 위계적인 것은 아니다. 선은 오히려 위대한 것을 비천하게, 기이한 것을 평범하게 만든다. 아니 선은 위대한 것과 비천한 것의 차이를 무화시킨다. 기이한 것과 평범한 것의 가치를 비교 불가능하게 만든다.

그렇다면, 그냥 소리 내어 읽어 보는 건 어떨까.

낭송하는 선문답. 뭔가 발칙하고 불경스럽지 않은가? 그 속에서 어떤 통쾌한 전복을 마주치게 될 수는 없을까?

한 스님이 지문화상에게 물었다.

"반야의 본체란 어떤 것인지 여쭙습니다."

지문화상이 대답했다.

"조개가 밝은 달을 품었다."

그 스님이 말했다.

"그럼 반야의 작용은 어떤 것인지 여쭙습니다."

지문화상이 대답했다.

"토끼가 새끼를 뱄다."

이 공안의 의미를 따질 수 있겠는가? 아마도 불가능할 것이다. 그러느니 차라리 소리 내어 낭송하고 몸에 새겨 보는 것은 어떨까? 당연한 말이지만 세상에 선을 선답게 읽는 특별한 방법은 없다. 하지만 선을 낭독하고 암송하며 소리 내어 읽는다는 말은 아직 들어 본 적이 없다. 누가 알겠는가. 이것이 사실은 '조개가 밝은 달을 품'고 '토끼가 새끼를 배'는 것일지.

3.

이 책은 『벽암록』碧巖錄, 『무문관』無門關, 『종용록』從容錄 등 세 편의 선어록집에서 엄선하여 낭송(낭독)용으로 재편집한 편집본이다. 최소한 선의 동네에선 이름만 들어도 귀가 번쩍 뜨이고 곁눈질로 귀동냥만 해도 깨달음이 바로 육박해 들어올 것 같은 불후의 선어록들이다. 하지만 다 같은 선인 듯 보여도 선사들의 기풍이나 종파에 따라 주력해서 전하는 화두가 차이가 있고, 또 화두 자체가 이미 현재적 시공간 및 문화적 차이를 극복하기 위해서는 상당한 설명이나 이해의 전제가 필요한 경우들이 많다. 이 책에서는 이런 경우 과감하게 배제하는 쪽을 선택했다. 반면 소리 내어 읽는 동안 의미상의 단절이나 말의 길을 끊는 선 특유의 문장들은 피하지 않으려고 노력했다. 해서 어떤 글들은 생각보다 유연하게 읽힐 것이고, 또 어떤 글들은 읽는 행위 자체가 생각의 무장해제를 요구할지도 모르겠다.

이 작업을 하는 초반에는 과연 선문답을 낭송집으로 만드는 게 가능할까라고 의구심과 한동안 신경전을 벌였던 것 같다. 하지만 돌이켜 생각해 보면 그와 같은 두려움이나 혹은 전환할 줄 모르는 단단한 인식들이야말로 이 작업이 진짜 필요하다는 반증인지도 모르겠다. 요컨대 이미 그렇게 무엇이 되고 안 되고 판단을 내리는 순간 나는 가장 선답지 않은 방식으로 선을 대하고 있었던 것이다. 작업이 마무리를 보이는 이즈음엔 처음의 우려가 완전히 사라졌다. 오히려 선이야말로 진작부터 해설보다는 차라리 이렇게 입에 붙여 소리 내어 읽도록 시도되었어야 하는 게 아니었을까 하는 생각마저 들 정도다. 모쪼록 이번 낭송Q시리즈를 계기로 보다 많은 사람들이 선문답의 독특한 재미를 소리와 함께 온몸으로 만나게 되기를.

낭독(낭송)의 요령은 따로 없다. 본문을 크게 세 부분으로 나눠 놓긴 했지만 선문답에 분류 기준이라는 게 애초에 있을 리 없다. 한편 낭독에서 중요한 건 자기 목소리를 자기 귀로 듣는 것이다. 처음에는 분명 낯설고 또 때론 사람들이 의아하게 여길지도 모른다. 하지만 자신의 온몸을 통과해 나오는 책 읽는 소리는 듣는 사람으로 하여금 묘한 공감을 불러일으킨다. 그리고 바로 여기. 자신도 모르게 자신의 신체가 새로운 리듬을 만들게 되는 이런 행위가 책

을 소리 내어 읽는 근본 취지의 하나라고 나는 생각
한다. 그렇게 본다면, 순전히 읽기 자체에 몰두할 수
있는 낭송용 텍스트로 선문답만 한 게 또 있겠는가.
역시 선문답이야말로 진정한 낭송의 재미를 만끽할
수 있는 텍스트임에 틀림없다. 쓰다 보니 구구절절
말이 길어져 버렸다. 역시 선은 말로 듣는 것보다는
직접 대면하는 것이 묘미다. 백문이 불여일독! 지금
바로 책을 펴고 읽어 보시라.

인문학 고전 쿵푸스들의 공동체 도량
남산강학원 공부방에서
문리스 씀

낭송Q시리즈 서백호
낭송 선어록

1부
무와 평등

1-1.
수산의 신부

한 스님이 수산화상首山和尙에게 물었다.

"무엇이 부처입니까?"

수산화상이 대답했다.

"신부가 나귀를 탔는데 시어머니가 끈다."

1-2.
화엄경의 지혜

『화엄경』華嚴經에 이런 말이 있다.

"내가 지금 일체 중생들을 두루 관찰해 보니, 여래의
지혜와 덕을 갖추고도 오직 망상과 집착 때문에 증
득證得하지 못할 뿐이다."

1-3.
중읍의 원숭이

앙산화상仰山和尙이 중읍화상中邑和尙에게 물었다.

"무엇이 불성의 이치입니까?"

중읍화상이 대답했다.

"내가 그대에게 비유를 들어 말해주겠다. 어떤 방에 여섯 개의 창이 있는데, 거기에 한 마리의 원숭이를 넣었다. 밖에서 어떤 사람이 '성성아' 하고 부르면 원숭이는 곧 대꾸를 하는데, 이처럼 하기를 여섯 개의 창에서 하면 그때마다 각각 대꾸한다."

앙산화상이 다시 물었다.

"원숭이가 잠이 들었을 땐 어떻게 합니까?"

중읍화상이 연단에서 내려오더니 앙산화상을 꽉 움켜쥐며 말했다.

"성성아, 너와 내가 만났구나."

1-4.
수산의 세 구절

수산화상이 대중 스님들에게 법문을 했다.

"첫째 구절에서 깨달으면 불가의 스승이 될 만하고,
둘째 구절에서 깨달으면 세상의 스승이 될 만하고,
셋째 구절에서 깨달으면 자신을 구제하기도 어렵다."

한 스님이 물었다.

"화상께서는 어느 구절에서 깨달으셨습니까?"

수산화상이 대답했다.

"달이 저물면서 삼경三更의 저잣거리를 가로질러 지나간다."

1-5.
앙산의 조금

한 스님이 앙산화상에게 물었다.

"대사께서는 글자를 아십니까?"

앙산화상이 대답했다.

"조금."

스님이 오른쪽으로 한 바퀴 돌고 난 후 말했다.

"이것은 무슨 글자입니까?"

앙산화상이 땅 위에 열 십十자를 썼다.

그러자 그 스님이 이번에는 왼쪽으로 한 바퀴 돌고서
는 말했다.

"이것은 무슨 글자입니까?"

앙산화상이 십자를 고쳐 만卍자를 만들었다.

스님이 원을 하나 그리더니 마치 아수라가 손바닥으
로 해와 달을 가리는 것 같은 시늉을 하고는 물었다.

"이것은 무슨 글자입니까?"

앙산화상은 원을 그려 만자 주위를 둘러쌌다.

그러자 그 스님은 누지불樓至佛 보살의 우는 형세를

취했다.

앙산화상이 말했다.

"옳지, 옳지. 그대가 잘 보호해 지니거라."

1-6.
운문의 호떡

한 스님이 운문화상雲門和尙에게 물었다.

"어떤 것이 부처를 뛰어넘고 조사를 뛰어넘는 말입
니까?"

운문화상이 대답했다.

"호떡."

1-7.
덕산이 금강경에 불을 지르다

덕산화상德山和尚이 가르침을 청하려 용담화상龍潭和尚
을 찾아왔는데 밤이 되었다. 용담화상이 말했다.

"밤이 깊었으니 그대는 돌아가는 것이 어떻겠는가?"

덕산화상은 인사를 올리고 주렴을 들어올리며 밖으
로 나왔다. 바깥이 이미 암흑이어서 덕산화상은 되돌
아와 말했다.

"밖이 깜깜합니다."

용담화상은 종이등불에 불을 붙여 건네주었다. 덕산
화상이 받으려 할 때, 용담화상은 입으로 바람을
불어 불을 꺼버렸다. 순간 덕산화상은 홀연히 깨달았
다. 덕산화상은 곧바로 용담화상께 절을 올렸다. 그
러자 용담화상이 물었다.

"그대는 어떤 도리를 깨달았는가?"

덕산화상이 대답했다.

"저는 오늘부터 천하의 노화상께서 하신 말씀을 의심하지 않습니다."

다음 날 용담화상이 법당에 올라 말했다.

"만약 이빨이 검을 세워 놓은 숲 같고, 입은 피가 담긴 쟁반 같으며, 방망이로 때려도 고개를 돌리지 않을 것 같은 놈이 있다면 언젠가 그는 우뚝한 깨달음의 경지에서 나의 도를 펼치게 될 것이다."

잠시 후 덕산화상이 『금강경』 주석서를 가지고 법당 앞에서 횃불을 치켜들고 말했다.

"불교의 심오한 변론들을 남김없이 다 밝힌다 해도 허공에 터럭 하나 날리는 것과 같고, 세상사 미묘한 기미를 다 갈파한다 해도 거대한 계곡에 물 한 방울 떨어뜨리는 것에 지나지 않는다."

덕산화상은 주석서에 불을 지르고, 절을 한 번 하고 떠났다.

1-8.
움직인 것은 마음이다

사찰의 깃발이 바람에 휘날리는 것을 보고 스님 둘이
논쟁했다.

한 스님이 말했다.

"깃발이 움직인다."

그러자 다른 한 스님이 말했다.

"바람이 움직인다."

서로의 말이 오고 갔지만 이치를 얻지 못했다.

육조六祖 혜능조사慧能祖師가 이 모습을 보고 말했다.

"바람이 움직인 것도 아니요, 깃발이 움직인 것도 아
니다. 그대들의 마음이 움직인 것이다."

두 스님은 두려움에 오싹해졌다.

1-9.
마음에 도달하면 부처다

대매大梅 스님이 마조화상馬祖和尚에게 물었다.

"무엇이 부처입니까?"

마조화상이 대답했다.

"마음에 도달하면 부처다."

1-10.
마음도 아니고 부처도 아니다

한 스님이 마조화상에게 물었다.
"무엇이 부처입니까?"
마조화상이 말했다.
"마음도 아니고, 부처도 아니다."

1-11.
좋은 말은 채찍의 그림자만 보고도 달린다

한 외도外道가 석가세존을 찾아와 말했다.

"말로 할 수 있는 것을 묻는 것도 아니고, 말로 할 수 없는 것을 묻는 것도 아닙니다."

석가세존은 말없이 자리에 앉아 있었다. 그러자 외도가 찬탄하며 말했다.

"세존의 대자대비가 저로 하여금 미혹된 구름을 걷고 깨달음을 얻게 해주셨습니다."

외도는 곧장 예의를 갖춘 다음 떠나갔다.

아난阿難이 석가세존에게 물었다.

"저 외도는 무엇을 깨달았기에 저렇게 찬탄하고 돌아가는 것입니까?"

세존이 대답했다.

"좋은 말[馬]은 채찍의 그림자만 봐도 달린다."

1-12.
길에서 깨달은 도인을 만나면

오조 법연화상이 말했다.

"길에서 깨달은 도인을 만나면 말로 상대해서도 침묵으로 상대해서도 안 된다. 말해 보라, 그럼 어떻게 상대할 것인가?"

1-13.
백척간두진일보

석상화상石霜和尙이 말했다.

"백 척 장대 끝에서 어떻게 한 발 나아가겠는가?"

덕이 높은 옛 스님이 말했다.

"백 척이나 되는 장대 끝에 앉아만 있는 사람은 비록 깨달을 바가 있다고 해도 아직 진짜가 아니다. 모름지기 백 척 끝에서 한 발을 내디뎌야 시방 세계十方世界가 온전히 드러나게 될 것이다."

1-14.
도솔의 세 관문

도솔兜率 종열화상從悅和尙은 세 개의 관문을 설치해 놓고 배움을 구하는 이들에게 물었다.

"현묘한 이를 찾아 수행하는 것은 단지 자신의 불성을 보기 위해서이다. 그럼, 지금 이 순간 그대의 불성은 어디에 있는가? 자신의 불성을 아는 것은 생사生死로부터 벗어나는 것이다. 그럼, 죽음에 이르러서는 어떻게 생사를 벗어나겠는가? 생사를 벗어나면 문득 갈 곳을 알게 된다. 그럼, 몸을 구성하는 네 가지 요소는 흩어지면 어디로 가는가?"

1-15.
건봉의 한 길

한 스님이 건봉화상乾峯和尙에게 물었다.

"시방 세계의 모든 부처님들은 오직 한 길로 열반에 이른다고 합니다. 도대체 그 '하나의 길'은 어디에 있습니까?"

건봉화상은 지팡이를 들어 허공에 선 하나를 긋고 말했다.

"여기에 있다."

훗날 어떤 스님이 운문화상에게 이에 대한 가르침을 청했다. 그러자 운문화상은 부채를 들고 말했다.

"이 부채는 33천天 끝까지 뛰어올라 제석천왕帝釋天王의 콧구멍을 찌르고, 동해의 잉어를 한 방 타격하면 물동이가 뒤집힌 것처럼 엄청나게 비가 쏟아진다."

1-16.
여릉의 쌀값

한 스님이 청원화상青原和尚에게 물었다.

"불법의 큰 뜻은 무엇입니까?"

청원화상이 말했다.

"여릉廬陵의 쌀값은 어느 정도인가?"

1-17.
법안의 뱃길과 물길

법안화상法眼和尙이 각상좌覺上座에게 물었다.

"배로 왔는가, 뭍으로 왔는가?"

각상좌가 대답했다.

"배로 왔습니다."

법안화상이 다시 물었다.

"배는 어디 있는가?"

각상좌가 말했다.

"배는 강에 있습니다."

이렇게 말하고, 각상좌는 물러갔다.

법안화상은 옆에 있던 스님에게 물었다.

"그대, 말해 보라. 아까 저 중은 안목을 갖추었는가,

갖추지 못했는가?"

1-18.
종조산의 법신

조산화상曹山和尙이 덕상좌德上座에게 물었다.

"부처님의 참다운 법신은 허공과 같아서, 사물에 응하여 형상을 나투심이 마치 물 속의 달과 같다. 어떻게 해야 그 응하는 이치를 설명할 수 있을까?"

덕상좌가 대답했다.

"노새가 우물을 엿보는 것과 같습니다."

조산화상이 다시 말했다.

"말은 대단히 그럴듯하다만 대략 팔할 정도 얻었을 뿐이다."

덕상좌가 되물었다.

"대사께선 어쩌시겠습니까?"

조산화상이 대답했다.

"우물이 나귀를 엿보는 것과 같다."

1-19.
천 개의 손과 천 개의 눈

운암雲岩 스님이 도오화상道吾和尙에게 물었다.

"천수관음 보살은 그 수많은 손과 눈으로 무엇을 합니까?"

도오화상이 대답했다.

"한밤중에 사람이 등 뒤로 손을 뻗쳐 베개를 찾는 것과 같다."

운암 스님이 말했다.

"알 것 같습니다."

도오화상이 말했다.

"무엇을 알았다는 것인가?"

운암 스님이 말했다.

"몸 전체가 손이고 눈입니다."

도오화상이 말했다.

"말은 대단히 그럴듯하다만 대략 팔할 정도 얻었을 뿐이다."

운암 스님이 말했다.

"사형께서는 무엇을 알았습니까?"

도오화상이 말했다.

"몸 전체가 손이고 눈이다."

1-20.
엄양의 한 물건

엄양존자嚴陽尊者가 조주화상趙州和尙에게 물었다.

"아직 한 물건[一物]도 갖고 있지 않은 때에 관해 여쭙습니다."

조주화상이 대답했다.

"내려놓아야지."

엄양존자가 다시 물었다.

"한 물건도 갖고 있지 않은데 무엇을 내려놓습니까?"

조주화상이 말했다.

"그럼 짊어지고 가게."

1-21.
청림의 죽은 뱀

한 스님이 청림화상青林和尙에게 물었다.

"배우는 자가 지름길로 질러서 가는 때에 관해 여쭙습니다."

청림화상이 말했다.

"죽은 뱀이 길에 있다. 그대는 나서지 말라."

스님이 다시 물었다.

"나서는 건 어떻습니까?"

청림화상이 대답했다.

"그대 목숨을 잃는다."

스님이 또 물었다.

"나서지 않는 건 어떻습니까?"

청림화상이 대답했다.

"그래도 피할 곳이 없다."

스님이 다시 또 물었다.

"바야흐로 그러할 때는 어떻습니까?"

청림화상이 대답했다.

"도리어 잃어버린다."

스님이 또다시 물었다.

"어디로 갔습니까?"

청림화상이 대답했다.

"풀숲이 깊어서 찾을 수 없다."

스님이 말했다.

"대사께서도 조심해서 지키셔야겠습니다."

청림화상이 손뼉을 치며 말했다.

"한결같은 독기로고!"

1-22.
자소의 법맥

자소子昭 수좌首座가 법안화상에게 물었다.

"화상께서는 새로 법당을 창건하셨는데, 누구의 법을 이으셨습니까?"

법안화상이 대답했다.

"지장地藏이다."

자소가 다시 물었다.

"장경長慶선사에게는 너무 등지는 것 아닙니까?"

법안화상이 말했다.

"나는 장경선사의 한 말씀도 알고 있지 않다."

자소가 말했다.

"어째서 묻지 않으셨습니까?"

법안화상이 말했다.

"만 가지 형상 가운데 홀로 몸을 드러냈다는 말의 뜻

이 어떠한가?"

자소가 불자拂子를 세웠다.

법안화상이 말했다.

"그것은 장경에게 배운 것이겠지만 수좌의 처지는
어떠한가?"

자소가 말이 없었다.

법안이 다시 말했다.

"만 가지 형상 가운데 홀로 그 몸을 드러냈다고 한 것
은 만 가지 형상을 무시한 것인가 무시하지 않은 것
인가?"

자소가 대답했다.

"무시하지 않은 것입니다."

법안화상이 말했다.

"두 개구나."

좌우에서 따라서 질문하던 이들이 모두 말했다.

"만 가지 형상을 무시한 것입니다."

법안화상이 말했다.

"만 가지 형상 가운데 홀로 몸을 드러냈느니라!"

1-23.
조주의 일곱 근 장삼

한 스님이 조주화상에게 물었다.

"만 가지 법은 모두 하나로 귀의하는데, 그 하나는 어디로 귀의합니까?"

조주화상이 대답했다.

"나는 청주에 있을 때 장삼 한 벌을 갖게 되었는데 무게가 일곱 근이었다."

1-24.
텅 비어 성스러울 게 없다

양무제梁武帝가 달마達摩 조사에게 물었다.

"불법에서 가장 성스러운 근본 진리가 무엇이오?"

달마조사가 말했다.

"텅 비어 있어 성스러울 게 없습니다."

양무제가 말했다.

"그럼 지금 내 앞에 있는 당신은 무엇이오?"

달마조사가 대답했다.

"알 수 없지요."

양무제는 무슨 말인지 알아듣지 못했다. 달마조사는 마침내 강을 건너 위魏나라로 갔다.

훗날 양무제는 달마조사와 있었던 일을 지공志公 스님에게 물었다.

지공 스님이 말했다.

"폐하! 이제는 이 사람을 아시겠습니까?"

"알지 못하겠소."

지공 스님이 말했다.

"이 사람은 관음대사觀音大師입니다. 부처의 가르침을 전합니다."

양무제는 후회했다. 마침내 사신을 보내 다시 맞이하려고 했다.

지공 스님이 말했다.

"폐하께서는 사신을 보내지 마십시오. 온 나라 사람이 가도 그는 돌아오지 않을 것입니다."

1-25.
다 물었으면 절이나 하고 돌아가라

조주화상이 대중 스님들에게 말했다.

"지극한 도는 어렵지 않다. 분별하지 않으면 된다. 한 마디라도 내뱉는다면 그것이 바로 분별이고 그것이 바로 명백함을 따지는 것이다. 이 노승은 명백함에 있지 않다. 그런데 오히려 너희들은 이것을 애석해하는가?"

이때 한 스님이 물었다.

"대사께서 이미 명백함을 따지지 않는데 저희가 무엇을 애석해합니까?"

조주화상이 대답했다.

"나도 모른다."

질문했던 스님이 다시 물었다.

"대사께서는 알지 못하시면서 아까 '명백함을 따지

는 데 있지 않다'고 하신 말씀은 무엇 때문입니까?"

조주화상이 말했다.

"다 물었으면 절이나 하고 돌아가게."

.

1-26.
마조의 흑과 백

한 스님이 마조대사에게 물었다.

"사구설四句說과 백비론百非論을 떠난 경지에서 제게 달마조사가 서쪽에서 온 뜻을 곧바로 보여 주시기 바랍니다."

마조대사가 말했다.

"내가 오늘은 피곤해서 그대에게 말해 줄 수가 없다. 지장 스님에게 가서 물으라."

그 스님이 지장 스님에게 가서 묻자, 지장 스님이 말했다.

"어째서 마조 큰스님께 묻지 않는가?"

그 스님이 대답했다.

"큰스님께서 지장 스님께 여쭈라 하셨습니다."

지장 스님이 말했다.

"내가 오늘은 머리가 아파 그대에게 말해 줄 수가 없다. 백장百丈 회해懷海 스님에게 가서 물으라."

그 스님이 회해 스님에게 가서 묻자, 회해 스님이 말했다.

"나는 그 문제에 관해서는 모르겠다."

그 스님이 다시 마조대사에게 와서 이 사실을 아뢰었다.

마조대사가 말했다.

"지장의 머리는 희고, 회해의 머리는 검다."

1-27.
오대산의 노파

오대산 길목에 한 노파가 있었는데, 어느 날 한 스님
이 이르러 물었다.
"오대산 가는 길이 어디오?"
노파가 대답했다.
"곧장 가세요."
그 스님이 길을 떠나자마자 노파가 말했다.
"멀쩡한 스님이 또 저렇게 가는구나."
스님이 이 사실을 조주화상에게 말했다.
조주화상이 말했다.
"내가 판단해 줄 테니 기다려라."
조주화상이 노파에게 가서 이전 스님과 같이 물었다.
다음 날 조주화상은 법당에 올라 말했다.
"내가 그대를 위해 감정을 마쳤다."

1-28.
임제의 눈먼 나귀

임제臨濟선사가 열반에 들려 할 때 삼성三聖 스님에게
자신의 법을 맡기며 인가했다.

"내가 죽은 뒤 나의 정법안장이 끊어지지 않게 하라."

삼성 스님이 대답했다.

"어찌 감히 대사의 정법안장이 끊어질 수 있겠습니
까?"

임제선사가 말했다.

"어떤 사람이 너에게 물으면 너는 어떻게 대답하겠
는가?"

삼성 스님은 곧장 할喝을 내질렀다.

그러자 임제선사가 말했다.

"나의 정법안장이 이 눈먼 나귀새끼로 인해 끊어질
줄 누가 알았으랴."

1-29.
임제의 대오

임제선사가 황벽화상黃蘗和尙에게 물었다.
"불법의 큰 뜻이 무엇입니까?"
황벽화상이 임제선사를 방망이로 후려쳤다. 임제선사도 물러서지 않고 세 번을 질문했는데, 그때마다 황벽화상은 임제선사를 방망이로 후려쳤다.
임제선사가 황벽화상을 떠나 대우화상大愚和尙을 찾아갔다.
대우화상이 물었다.
"어느 길에서 오는가?"
임제선사가 대답했다.
"황벽에서 왔습니다."
대우화상이 물었다.
"황벽은 어떠한가?"

임제선사가 대답했다.

"내가 불법의 큰 뜻이 무엇인지 세 차례 물었는데 그때마다 방망이질을 당했습니다. 어떤 허물이 있는지 모르겠습니다."

대우화상이 말했다.

"황벽이 그대를 위해 그처럼 애를 썼는데도 이제 와서 허물이 있는가 없는가를 묻는가?"

임제선사는 이 말 끝에 크게 깨달았다.

1-30.
동산의 풀 없음

동산화상洞山和尙이 대중 스님들에게 법문을 했다.

"첫가을 늦여름에 그대들은 동쪽이건 서쪽이건 모름지기 만 리 사방에 한 치의 풀도 없는 곳을 향해 떠나야 한다."

또 말했다.

"만 리 사방에 한 치의 풀도 없는 곳을 어떻게 갈까?"

석상石霜 스님이 말했다.

"문을 나서기만 하면 그대로 풀밭이다."

대양大陽 스님이 말했다.

"설사 문을 나서지 않는다 해도 역시 끝없이 무성한 풀밭이다."

1-31.
동산의 편치 않음

동산화상이 병이 나자 한 스님이 물었다.

"대사께서 병이 나셨는데 병들지 않은 사람도 있습
니까?"

동산화상이 대답했다.

"있지."

그 스님이 다시 물었다.

"병들지 않은 사람이 대사의 병을 간호하는 겁니까?"

동산화상이 대답했다.

"노승이 그를 보살펴야 할 책임이 있다."

그 스님이 또 물었다.

"대사께서 그를 보살피는 때란 어떤 것입니까?"

동산화상이 대답했다.

"병 있는 것을 보지 않는다."

임제의 한 획

임제선사가 원주院主에게 물었다.

"어디서 오는가?"

원주가 대답했다.

"고을에 가서 쌀을 사 가지고 옵니다."

임제선사가 다시 물었다.

"살 것을 다 샀는가?"

원주가 대답했다.

"다 샀습니다."

임제선사가 지팡이로 획 하나를 그으며 말했다.

"이것도 샀는가?"

원주가 순간 할을 내질렀는데, 임제선사가 지팡이로 후려쳤다.

시간이 흐른 뒤 전좌典座가 찾아왔다. 임제선사가 앞

서 있었던 일을 전좌에게 이야기했다.

전좌가 말했다.

"원주는 대사의 뜻을 모릅니다."

임제선사가 물었다.

"그대는 어떠한가?"

전좌가 순간 절을 올리자, 임제선사가 또 지팡이로 후려쳤다.

1-33.
운문의 밥과 물

한 스님이 운문화상雲門和尙에게 물었다.

"티끌마다 나타나는 삼매三昧의 경지라는 게 무엇입니까?"

운문화상이 대답했다.

"발우바리때, 즉 공양 그릇 안의 밥, 통 속의 물."

1-34.
나는 늘 여기에 절실하다

한 스님이 동산화상에게 물었다.

"법신法身·보신報身·화신化身 가운데 어느 몸이 분별
에 떨어지지 않은 몸입니까?"

동산화상이 대답했다.

"나는 늘 여기에 절실하다."

1-35.
호떡과 만두

운문화상이 대중 스님들에게 법문했다.

"소리를 들으면 도를 깨닫고, 색色을 보면 마음을 밝힌다. 관세음보살이 돈을 주고 호떡을 샀는데, 먹어 보니 만두였다."

1-36.
본래 늘 그러한 이치

서암화상瑞岩和尚이 암두화상巖頭和尚에게 물었다.

"본래부터 늘 그러한 이치에 관해 여쭙습니다."

암두화상이 대답했다.

"움직였다."

서암화상이 다시 물었다.

"움직임에 관해 여쭙습니다."

암두화상이 대답했다.

"본래부터 늘 그러한 이치를 볼 수 없다."

서암화상이 우두커니 생각에 잠겼다.

암두화상이 말했다.

"긍정하면 속세를 벗어나지 못하고, 부정하면 아득히 생사의 세계에 빠진다."

1-37.
천만 봉우리로 곧장 들어가다

연화봉蓮花峰의 암주庵主가 대중 스님들에게 지팡이를
들어 보이며 말했다.

"옛사람들은 왜 이 자리에 머물지 않았을까?"

대중들이 말이 없자 대신 대답하였다.

"그들의 가는 길에 힘이 되지 않았기 때문이다."

또 말했다.

"결국 어찌해야 하나?"

다시 스스로 대신하여 말했다.

"아무도 돌아보지 않고 지팡이를 짊어지고, 천만 개
의 봉우리들 속으로 곧장 들어간다."

1-38.
백가주를 마신 청세

조산화상에게 청세淸稅 스님이 물었다.

"저 청세는 극히 가진 게 없으니, 화상께서 좀 구제해 주시길 바랍니다."

조산화상이 말했다.

"청세 대사!"

청세 스님이 대답했다.

"예?"

조산화상이 말했다.

"청원 땅의 유명한 백가주白家酒를 세 잔이나 마셔 놓고도 아직 입술도 적시지 못했다고 말하는 것인가!"

1-39.
조주가 암자에서 묻다

조주화상이 한 암자에 이르러 물었다.

"누구 있소? 누구 있소?"

암자 주인은 주먹 쥔 손을 들어 보였다. 조주화상이 말했다.

"물이 얕아서 배를 댈 곳이 아니구나."

이렇게 말하며 조주화상은 곧바로 떠나갔다.

조주화상은 또 다른 암자에 이르러 물었다.

"누구 있소? 누구 있소?"

이 암자의 주인 역시 주먹 쥔 손을 들어 보였다. 조주화상이 말했다.

"줄 수도 있고 빼앗을 수도 있고 죽일 수도 있고 살릴 수도 있구나."

조주화상은 절을 올렸다.

1-40.
서암화상과 주인공

서암화상瑞岩和尙은 매일 자기 자신을 향해 "주인공아!"라고 소리쳐 부른다. 그러고는 스스로 "예!" 하고 대답한다.

또 말한다.

"깨어 있어라!"

"예!"

"남에게 속지 말아라!"

"예! 예!"

1-41.
덕산화상의 탁발

덕산화상이 어느 날 발우를 들고 공양간으로 내려갔다. 제자 설봉雪峰 스님이 덕산화상의 이 모습을 보고 물었다.

"노스님! 아직 종도 치지 않았고 북도 울리지 않았는데 발우를 들고 어디 가십니까?"

덕산화상은 곧장 방장실로 되돌아갔다.

설봉 스님이 암두 스님에게 이야기하자 암두 스님이 말했다.

"덕산화상 같은 큰스님도 궁극의 한마디를 모르시는구나."

덕산화상이 이 말을 듣고 시자를 시켜 암두 스님을 불렀다. 덕산화상이 암두 스님에게 물었다.

"그대는 이 노승을 인정하지 않는 건가?"

암두 스님이 은밀하게 그 뜻을 말하자, 덕산화상은 더 이상 따지지 않았다.

다음 날 덕산화상은 법당의 연단에 올랐는데 과연 평소와 달랐다. 암두 스님이 법당 앞에 이르러 손뼉을 치며 크게 웃으며 말했다.

"기쁘게도 노스님이 궁극의 한마디를 터득하셨구나. 훗날에도 천하 사람들은 그를 어쩔 수 없을 것이다."

1-42.
남전화상이 고양이를 베다

동쪽 승당과 서쪽 승당의 스님들이 고양이 한 마리를 놓고 다투고 있었다.

남전화상이 고양이를 잡아들고 말했다.

"스님 대중들이여! 도를 깨친다면 고양이를 구하겠지만, 도를 깨치지 못한다면 고양이를 벨 것이다."

아무도 응대하는 스님이 없었다. 남전화상은 마침내 고양이를 칼로 베어 버렸다.

외출 나갔던 조주 스님이 저녁이 되어 돌아왔다. 남전화상이 조주 스님에게 낮의 일을 말하자, 조주 스님은 곧장 신발을 벗어 머리 위에 얹고 나가 버렸다.

남전화상이 말했다.

"네가 있었다면 고양이를 구할 수 있었을 텐데."

1-43.
동산의 수행과 깨달음

동산洞山 스님이 운문화상을 찾아왔다. 운문화상이 물었다.

"지금 어디서 오는 길인가?"

동산 스님이 대답했다.

"사도査渡입니다."

운문화상이 다시 물었다.

"여름에는 어디 있었는가?"

동산 스님이 대답했다.

"호남의 보자사報慈寺입니다."

운문화상이 또 물었다.

"언제 그곳을 떠났는가?"

동산 스님이 대답했다.

"8월 25일입니다."

운문화상이 말했다.

"방망이 60대감이다."

동산 스님은 다음 날 운문화상의 처소를 찾아가서 물었다.

"어제 화상께서는 방망이 60대를 내리셨지만, 아직도 저는 어디에 잘못이 있는지 모르겠습니다."

운문화상이 대답했다.

"이런 밥통! 강서와 호남을 그런 식으로 헤매고 다녔던 거냐?"

동산은 이 말에 크게 깨달았다.

1-44.
혜충국사와 시자의 배반

혜충국사慧忠國師가 시자를 세 차례 소리쳐 불렀다. 시
자는 세 번 대답했다. 혜충국사가 말했다.
"내가 너를 배반한다고 말하지만, 원래는 도리어 네
가 나를 배반한 것이다."

낭송Q시리즈 서백호
낭송 선어록

2부
부정과 해체

2-1.
마조의 일면불 월면불

마조화상이 병이 났다. 원주 스님이 찾아와 물었다.

"스님, 요즈음 몸이 어떠십니까?"

마조화상이 말했다.

"일면불日面佛 월면불月面佛."

2-2.
바랑을 멘 채 법당에 오른 덕산

덕산화상이 위산화상潙山和尙을 찾아 대위산에 이르렀다. 덕산화상은 바랑을 멘 채 법당에 올라서는 동쪽에서 서쪽으로, 서쪽에서 동쪽으로 왔다 갔다 했다. 그러고는 뒤를 돌아보며 이렇게 말했다.

"없네, 없어."

말을 마치고 덕산화상은 곧 나가 버렸다. 한참 후 산문 입구에 이르러 돌이켜 생각했다.

"좀 경솔했나?"

덕산화상은 다시 몸가짐을 가다듬고 법당을 찾아 안으로 들어가 위산화상을 만났다. 위산화상이 스승의 자리에 앉으려 하자, 덕산화상은 절을 하려고 방석을 집어 들다가 불쑥 이렇게 말했다.

"스님!"

위산화상이 황급히 불자佛子를 잡으려고 손을 뻗었는데, 그 순간 덕산화상은 곧장 할을 내질렀다.

덕산화상은 곧바로 소맷자락을 털며 법당을 나갔다.

덕산화상은 법당을 뒤로 한 채 짚신을 신고 곧바로 떠나 버렸다.

그날 저녁, 위산화상은 수행하는 제자 스님에게 물었다.

"아까 찾아왔던 스님은 어디 있는가?"

제자 스님이 대답했다.

"바로 법당을 등지고 짚신을 신고 떠나 버렸습니다."

위산화상이 말했다.

"그는 훗날 깊은 산 속에서 암자를 틀어쥐고 앉아 부처를 꾸짖고 조사를 욕하는 큰 스승이 될 것이다."

2-3.
쌀알만 한 우주

설봉화상이 대중 스님들에게 말했다.

"온 우주를 손가락 끝으로 집어 들면 겨우 쌀알만 하다. 그것이 우리 눈앞에 던져져 있는데 칠통같이 컴컴해서 알아차리질 못하는구나. 북이라도 쳐서 다같이 찾아보든가."

2-4.
날마다 좋은 날

운문화상이 말했다.

"15일까지의 일은 묻지 않겠다. 15일 이후의 일은 깨달은 걸 말하라."

아무도 대답이 없자, 스스로 대신하여 말하였다.

"날마다 좋은 날."

2-5.
법안과 혜초

한 스님이 법안화상에게 물었다.

"저 혜초慧超가 대사님께 여쭙습니다. 무엇이 부처입니까?"

법안화상이 대답했다.

"네가 바로 혜초다."

2-6.
취암의 눈썹

취암화상翠巖和尙이 하안거夏安居: 스님들이 일체의 외출을 끊고
수행에 전념하는 것 마지막날 대중 스님들에게 법문을 하
였다.

"여름 한 계절 내내 여러분들을 위해 이야기를 늘어
놓았는데, 취암의 눈썹이 있는가?"

보복保福 스님이 말했다.

"도적질하는 놈의 마음은 거짓됩니다."

장경長慶 스님이 말했다.

"계속 자랍니다."

운문화상이 말했다.

"뚫어야 할 관문이다."

2-7.
동문 서문 남문 북문

한 스님이 조주화상에게 물었다.

"무엇이 조주입니까?"

조주화상이 대답했다.

"동문·서문·남문·북문."

2-8.
할 다음엔 어떻게 할 것인가

목주화상睦州和尙이 한 스님에게 물었다.

"지금 어디서 오는 길인가?"

스님은 바로 할을 질러 응수했다.

목주화상이 말했다.

"이 노승이 너에게 제대로 할을 당하였구나."

그러자 그 스님이 다시 할을 질렀다.

목주화상이 말했다.

"세 번 네 번 할을 지르고 나면 그 다음엔 어쩌려고?"

스님이 대답하지 못했다.

목주스님이 곧장 몽둥이로 스님을 내리치며 말했다.

"망할 놈아!"

2-9.
동산화상의 마 삼 근

한 스님이 동산화상에게 물었다.
"깨달음[佛]이라는 게 어떤 겁니까?"
동산화상이 대답했다.
"마麻 삼 근!"

2-10.
파릉의 제바종

한 스님이 파릉화상巴陵和尙에게 물었다.
"제바종提婆宗의 핵심은 무엇입니까?"
파릉화상이 말했다.
"은주발에 눈이 가득하다."

2-11.
상황에 따라 한 말씀

한 스님이 운문화상에게 물었다.

"부처님이 일생토록 펼친 가르침은 어떤 것입니까?"

운문화상이 말했다.

"상황에 따라 한 말씀씩 하셨을 뿐이다."

2-12.
상황이 없다면 말을 뒤집어야

한 스님이 운문화상에서 물었다.
"상황이 눈앞에 닥치지도 않았고, 할 일이 눈앞에 닥치지도 않았을 때는 어떻게 해야 합니까?"
운문화상이 말했다.
"말을 뒤집지 뭐."

2-13.
줄탁동시(啐啄同時)

한 스님이 경청화상鏡淸和尙에게 물었다.

"제가 줄啐 하면 대사께서 탁啄 해주시기 바랍니다."

경청화상이 말했다.

"그러면 활발발한 참된 깨달음을 얻을 수 있겠는가?"

스님이 말했다.

"제가 못 깨달으면 대사께서 사람들의 비웃음을 얻게 될 것입니다."

경청화상은 말했다.

"얼빠진 놈."

2-14.
오래 앉아 있었더니 피곤하다

한 스님이 향림화상香林和尙에게 물었다.
"달마조사가 서쪽에서 온 뜻이 무엇입니까?"
향림화상이 대답했다.
"오래 앉아 있었더니 피곤하네."

2-15.
충국사의 무봉탑

숙종 황제가 혜충국사에게 물었다.

"국사께서 입적하면 무엇을 해드리리까?"

국사가 대답했다.

"노승에게 이음새 없는 무봉탑을 내려 주십시오."

황제가 말했다.

"얼마든지 해드리겠소. 국사께서 원하는 탑이 어떤 건지 그 모양을 말해 주시오."

국사는 한참 침묵했다가 말했다.

"이제 아시겠습니까?"

황제가 대답했다.

"아니오, 나는 모르겠소."

국사가 말했다.

"제 제자인 탐원耽源 스님이 이 일을 모두 알고 있습

니다. 훗날 그를 불러 물어보시기 바랍니다."

혜충국사가 입적한 후, 황제는 탐원 스님을 초청해 물었다.

"혜충국사께서 말씀하신 뜻이 무엇이오?"

탐원 스님이 대답했다.

"상주湘州의 남쪽부터 담주潭州의 북쪽까지, 그 사이에는 황금이 나라를 가득 채우고 있습니다. 그곳에는 그림자 없는 무영수無影樹 나무가 있고 그 나무 아래에는 모든 사람이 함께 배를 타고 나아갑니다. 하지만 궁전에서는 알 수가 없습니다."

2-16.
달마가 서쪽에서 온 뜻

용아화상龍牙和尙이 취미화상翠微和尙에게 물었다.
"달마 조사께서 서쪽에서 온 뜻이 무엇입니까?"
취미화상이 대답했다.
"나에게 저 널빤지를 가져다주게."
용아 스님이 취미화상께 널빤지를 가져다드렸다. 취
미화상은 받자마자 곧장 널빤지로 후려쳤다.
용아 스님이 말하였다.
"치는 것은 화상 마음입니다만, 달마 조사가 서쪽에
서 온 뜻은 없습니다."

용아 스님은 다시 임제선사를 찾아가 물었다.
"달마 조사께서 서쪽에서 온 뜻이 무엇입니까?"
임제선사가 말했다.

"나에게 저 방석을 가져다주게."

용아 스님이 임제선사께 방석을 가져다 드렸다. 임제선사는 받자마자 곧장 방석으로 후려쳤다.

용아 스님이 말하였다.

"치는 것은 선사 마음입니다만, 달마 조사가 서쪽에서 온 뜻은 없습니다."

2-17.
지문화상의 연꽃

한 스님이 지문화상智門和尙에게 물었다.

"연꽃이 아직 물 밖으로 나오지 않은 때에 관해 여쭙습니다."

지문화상이 대답했다.

"연꽃이다."

스님이 말했다.

"그럼 물 밖으로 나온 이후라면 어떻게 됩니까?"

지문화상이 대답했다.

"연잎이다."

2-18.
남산의 설봉이 독사를 상대하는 법

설봉화상이 대중 스님들에게 법문을 했다.

"남산에는 자라처럼 생긴 독사가 있다. 잘들 살펴야
한다."

혜릉慧稜[장경] 스님이 말하였다.

"오늘 이 법당에서 반드시 몸을 해치게 되는 사람이
있을 것입니다."

한 스님이 이런 이야기를 현사화상玄沙和尙에게 전했
다. 그러자 현사화상이 말했다.

"모름지기 혜릉 사형 같은 인물이면 깨달음을 얻을
것이다. 설혹 그렇다 해도 나와는 무관하다."

스님이 물었다.

"그럼 화상께서는 어떻게 하시겠습니까?"

현사화상이 대답했다.

"굳이 '남산'이니 하는 말까지 써서 뭘 어쩌려는 것인가?"

운문화상은 주장자를 들어 설봉화상 얼굴 앞에서 흔들며 겁을 주었다.

2-19.
평상심이 도

조주 스님이 남전화상에게 물었다.

"도가 뭡니까?"

남전화상이 대답했다.

"평상심이 도다."

조주 스님이 다시 물었다.

"성취하려고 수행해 나가면 됩니까?"

남전화상이 대답했다.

"그렇게 헤아려 따지기 시작하면 바로 도와 멀어진다."

조주 스님이 또 물었다.

"헤아려 따져 보지 않으면 어떻게 그것이 도인 줄 알겠습니까?"

남전화상이 대답했다.

"도는 아는 데 속하지도 않고 모르는 데 속하지도 않는다. 안다고 하는 건 착각일 뿐이고 모른다고 하는 건 흐리멍텅한 상태일 뿐이다. 진정 헤아려 따지지 않는 도를 꿰뚫는다면 아마 텅 빈 허공 같을 것이다. 여기에 어찌 시비분별이 있겠는가?"

말이 떨어지자마자 조주 스님은 곧바로 깨달았다.

2-20.
말은 혀끝에 달린 게 아니다

송원화상松源和尙이 말했다.

"큰 역량을 가진 사람이 어째서 자기 다리를 들어올리지 못하는가?"

또 말했다.

"말은 혀끝에 달린 게 아니다."

2-21.
운문의 똥막대기

한 스님이 운문화상에게 물었다.
"부처가 무엇입니까?"
운문화상이 대답했다.
"똥막대기!"

2-22.
가섭과 아난

아난이 가섭에게 물었다.

"석가세존께서 금란가사金欄袈裟 외에 또 무엇을 전하셨습니까?"

가섭이 소리쳤다.

"아난!"

아난은 얼결에 대답했다.

"예?"

가섭이 말했다.

"사찰 문 앞의 깃대를 넘어뜨리게."

2-23.
육조 혜능의 본래면목

육조 혜능조사는 혜명惠明 상좌가 대유령 고개까지 뒤쫓아온 것을 보고 가사와 발우를 바위 위에 내려놓으며 말했다.

"이 가사는 불법을 이어받았다는 신표이니 힘으로 빼앗을 수 있겠소? 가져갈 수 있으면 가져가 보시오."

혜명 스님은 가사를 집어들려고 했지만 마치 산처럼 꼼짝하지 않았다. 비로소 혜명은 당황하고 두려워져서 말했다.

"내가 쫓아온 것은 법을 얻고자 함이지 가사 때문이 아니오. 부디 행자스님의 불법을 보여 주시오."

육조 혜능조사가 말했다.

"선도 생각하지 않고 악도 생각하지 않는 그때, 그대의 본래면목本來面目은 어떤 것인가?"

혜명은 육조의 말끝에 크게 깨닫고, 온몸이 땀으로 흠씬 젖었다. 혜명은 눈물을 흘리면서, 육조에게 절을 올리며 물었다.

"방금 말씀해 주신 은밀한 뜻과 말씀은 잘 새기겠습니다. 그밖에 또 다른 것은 없습니까?"

육조 혜능이 말했다.

"내가 지금 그대에게 말한 것은 전혀 은밀한 게 아니오. 그대 스스로 본래면목을 볼 수 있다면, 비밀은 오히려 그대에게 있다오."

혜명이 말했다.

"제가 비록 오조 홍인대사弘忍大師 밑에서 수행하고 있었지만, 실제로는 아직 자신의 본래면목에 눈뜨지 못했습니다. 지금 가르침을 받고 보니, 마치 물이 차고 뜨거운 것을 스스로 아는 것 같습니다. 이제부터는 행자 스님이 저의 스승이십니다."

육조 혜능조사가 말했다.

"그대가 그렇게 생각한다면 나와 그대는 똑같이 홍인대사를 스승으로 모신 셈이오. 자기 자신을 잘 지키시오."

2-24.
철마의 늙은 암소

유철마劉鐵磨가 위산화상을 만나러 왔다.

위산화상이 말했다.

"늙은 암소야, 네가 왔구나?"

유철마가 대답했다.

"내일 오대산에 큰 법회가 있습니다. 화상께서는 가
십니까?"

위산화상이 편하게 몸을 펴고 누워 버렸다. 유철마는
곧바로 나가 버렸다.

2-25.
백장의 드높은 봉우리

한 스님이 백장화상에게 물었다.

"진기하고 특별한 일에 관해 여쭙습니다."

백장화상이 대답했다.

"혼자 대웅봉에 올라 앉는다."

스님이 절을 올리자, 백장화상은 바로 후려쳤다.

2-26.
나무는 뼈가 드러나고 노란 단풍 바람이
불다

한 스님이 운문화상에게 물었다.

"나무가 시들고 잎이 떨어지는 때에 관해 여쭙겠습
니다."

운문화상이 대답했다.

"나무는 뼈가 드러나고 노란 단풍 바람이 불지."

2-27.
말해지지 않은 설법

남전화상이 백장화상을 찾아갔다.

백장화상이 물었다.

"옛날부터 지금까지 많은 성현들이 계셨는데도 아직 사람들에게 말해지지 않은 진리가 있습니까?"

남전화상이 대답했다.

"있습니다."

백장화상이 말했다.

"사람들에게 말해지지 않은 진리는 어떤 것입니까?"

남전화상이 대답했다.

"마음도 아니고, 부처도 아니고, 사물도 아닙니다."

백장화상이 말했다.

"말해 버렸군요."

남전화상이 물었다.

"저는 이렇습니다만 화상께서는 어떠십니까?"

백장화상이 대답했다.

"나는 대단한 선지식이 아니니, 성현께서 말하지 않은 진리를 말할 수 있을런지 어찌 알겠습니까?"

남전화상이 말했다.

"저야 모르지요."

백장화상이 말했다.

"내가 너무 말해 버렸군요."

2-28.
진주에는 큰 무가 난다

한 스님이 조주화상에게 물었다.

"들리는 소문에 스님께선 남전화상에게 직접 가르침을 받은 분이시라는데, 맞습니까?"

조주화상이 대답했다.

"진주에는 큰 무가 난다."

2-29.
마곡의 주장자를 떨치고

마곡麻谷 스님이 석장錫杖을 지니고 장경화상에게 갔다. 연단 주위를 세 번 돌더니, 석장을 크게 내리쳤다. 그러곤 우뚝히 섰다.

장경화상이 말했다. "옳거니, 옳거니."

마곡 스님은 다시 남전화상에게 가서 연단 주위를 세 번 돌더니, 석장을 크게 내리쳤다. 그러곤 우뚝히 섰다.

남전화상이 말했다. "틀렸다, 틀렸어."

이때 마곡 스님이 말했다.

"장경화상께서는 옳다 하셨습니다. 스님께서는 어째서 틀렸다고 하십니까?"

남전화상이 대답했다.

"장경은 옳고 너는 틀렸다. 이것은 바람의 힘으로 굴러간 것이니 끝내는 파괴되고 만다."

2-30.
임제의 한 차례 때림

정定이라는 상좌스님이 임제 스님에게 물었다.

"불법의 큰 뜻이 무엇입니까?"

임제 스님이 연단의 자리에서 내려와 뺨을 한 차례 갈기고는 곧장 밀쳐 버렸다. 정상좌가 얼떨결에 그냥 서 있자, 옆에 있던 한 스님이 말했다.

"정상좌! 어째서 절을 올리지 않는 거요?"

정상좌는 그제서야 절을 올렸는데, 그때 홀연히 크게 깨달았다.

2-31.
앞으로 삼삼, 뒤로 삼삼

문수보살文殊菩薩이 무착無著에게 물었다.

"지금 어디서 오는 길인가?"

무착이 대답했다.

"남쪽에서 왔습니다."

문수보살이 말했다.

"남쪽의 불법이 어떠한가?"

무착이 대답했다.

"말법末法의 비구승들이 계율을 약간 받드는 정도입니다."

문수보살이 물었다.

"대중들은 어떠한가?"

무착이 대답했다.

"300명에서 500명 정도입니다."

이번엔 무착이 문수보살에게 물었다.

"이 절간은 살림살이가 어떻습니까?"

문수보살이 대답했다.

"범부와 성인이 한 자리에 있고, 뱀과 용이 뒤섞여 혼잡하지."

무착이 또 물었다.

"대중들은 어떠합니까?"

문수보살이 대답했다.

"앞으로 삼삼三三, 뒤로 삼삼三三."

2-32.
황금빛깔 털을 가진 사자

한 스님이 운문화상에게 물었다.

"청정한 진리의 몸이라는 게 어떤 건지 여쭙습니다."

운문화상이 대답했다.

"꽃과 약초들로 둘러쳐진 울타리다."

그 스님이 다시 물었다.

"꼭 그렇게만 알고 있는 건 어떻습니까?"

운문화상이 말했다.

"황금빛깔 털을 가진 사자다."

2-33.
천지는 나와 뿌리가 같고
만물은 나와 한몸이다

육긍대부陸亘大夫가 남전화상과 함께 대화를 나누고 있었다.

육긍대부가 말했다.

"일찍이 조肇법사께서 말씀하시길, '천지는 나와 뿌리가 같고, 만물은 나와 한몸이다'라고 했습니다. 정말이지 대단히 신기하고 괴물 같은 말입니다."

남전화상은 뜰 앞의 꽃 한 송이를 손가락으로 가리켰다. 그러고는 대부를 부르며 말했다.

"요즘 사람들은 이 한 그루 꽃도 꿈을 꾸듯 보지요."

2-34.
날이 밝거든 가거라

조주화상이 투자화상投子和尚에게 물었다.

"완전히 죽어 버린 자가 다시 살아났다는 게 무슨 뜻
입니까?"

투자화상이 대답했다.

"밤에 돌아다니면 안 되니 날이 밝거든 가거라."

2-35.
장님처럼 보고 벙어리처럼 말하라

방거사龐居士가 약산화상藥山和尙 곁을 떠나게 되었다.
약산화상은 선 수행을 위해 함께 지내던 열 명의 선
객禪客들을 시켜 방거사를 산문 입구까지 배웅해 주
도록 했다. 때마침 눈이 내렸는데, 문득 방거사가 허
공중의 눈을 손가락으로 가리키며 말했다.
"멋진 눈이로구나. 소록소록 떨어지는데 유별난 곳
으로는 떨어지지 않는구나."
이때 전씨 성을 가진 선객이 말했다.
"그럼 어떤 곳에 떨어집니까?"
방거사가 바로 따귀를 올려붙였다.
전씨 선객이 따지며 말했다.
"거사께서는 좀 너무 하시는 것 같소!"
방거사가 말했다.

"네가 이러고도 선객 운운하는가? 염라대왕도 봐주지 않을 것이다."

전씨 선객이 말했다.

"거사는 어찌 했겠소."

방거사는 다시 한 번 따귀를 올려붙였다. 그리고 말하였다.

"눈은 장님처럼 보고, 입은 벙어리처럼 말한다."

2-36.
춥지도 않고 덥지도 않기

한 스님이 동산화상에게 물었다.

"추위와 더위가 닥쳐오면 어떻게 피합니까?"

동산화상이 대답했다.

"왜 춥지도 않고 덥지도 않은 곳으로 가지 않는가?"

스님이 다시 물었다.

"춥지도 않고 덥지도 않은 곳이란 어떤 곳입니까?"

동산화상이 말했다.

"추울 때는 추워서 죽고, 더울 땐 더워서 죽는다."

2-37.
그물을 벗어난 황금빛 물고기

삼성 스님이 설봉화상에게 물었다.

"그물을 벗어난 황금빛 비늘의 물고기는 무엇을 먹는지 모르겠습니다."

설봉화상이 말했다.

"네가 그물에서 나오기를 기다렸다가 네게 말해 주겠다."

삼성 스님이 말했다.

"천오백 명의 선지식을 가르치시면서 화두를 모르시네요?"

설봉화상이 말했다.

"노승은 절집 살림살이로 바쁘네."

2-38.
조주의 돌다리

한 스님이 조주화상에게 물었다.

"오래전부터 조주에는 돌로 된 다리가 있다고 들어왔는데, 막상 와 보니 그저 외나무다리뿐이네요."

조주화상이 대답했다.

"너는 그저 외나무다리만 보았을 뿐, 돌다리는 보지 못했구나."

그 스님이 말했다.

"어떤 게 돌다리입니까?"

조주화상이 말했다.

"나귀도 건너고 말도 건넌다."

2-39.
들오리 날다

마조대사가 백장화상과 함께 길을 가던 중에 들판에서 오리가 날아오르는 것을 보았다.

마조대사가 말했다.

"이게 뭐지?"

백장화상이 대답했다.

"들오리입니다."

마조대사가 말했다.

"어디로 가지?"

백장화상이 말했다.

"그냥 저쪽으로 날아가 버렸습니다."

마조대사가 마침내 백장화상의 코끝을 비틀었다. 백장화상은 참을 수 없어 신음 소리를 냈다.

마조대사가 말했다.

"어디로 날아갔다고?"

2-40.
지극한 도는 어렵지 않다①

한 스님이 조주화상에게 물었다.

"지극한 도는 어렵지 않으니, 오직 분별하지 않으면 된다고 하시는데, 분별하지 않는다는 게 대체 무슨 뜻입니까?"

조주화상이 대답했다.

"천상천하유아독존天上天下唯我獨尊이다."

그 스님이 말했다.

"그것은 오히려 분별하는 것이지 않습니까?"

조주화상이 대꾸했다.

"에라 이 촌놈아! 뭐가 분별이란 말이냐?

그 스님은 말이 없었다.

2-41.
지극한 도는 어렵지 않다②

한 스님이 조주화상에게 물었다.

"지극한 도는 어렵지 않으니, 오직 분별하지 않으면 된다고 하시는데, 이런 말이야말로 요즘 사람들이 숨어드는 소굴이 돼 버리는 것 아닙니까?"

조주화상이 대답했다.

"한 5년쯤 전에도 어떤 사람이 나에게 그걸 물었었는데 나도 아직 어떻게 대답해야 할지 모르겠다."

2-42.
지극한 도는 어렵지 않다③

한 스님이 조주화상에게 물었다.

"지극한 도는 어렵지 않으니, 오직 분별하지 않으면 된다고 하시는데, 어쨌든 한 마디라도 말을 하기만 하면 바로 분별에 떨어지는 것입니다. 사정이 이런데 화상이라면 어떻게 하시겠습니까?"

조주화상이 대답했다.

"어째서 전부 다 인용하지 않는가?"

그 스님이 다시 말했다.

"제가 거기까지만 외울 줄 압니다."

조주화상이 말했다.

"그저 이 지극한 도는 어렵지 않으니, 오직 분별하지 않으면 된다."

2-43.
스님의 목이 떨어졌습니다

암두화상이 자신을 찾아온 한 스님에게 물었다.

"어디에서 오는가?"

스님이 대답했다.

"장안에서 오는 길입니다."

암두화상이 말했다.

"황소의 반란이 끝나고 난 후에 검은 주웠는가?"

스님이 말했다.

"주웠습니다."

암두화상이 목을 그의 앞으로 내밀며 "끼악!"이라고
말했다.

스님이 말했다.

"화상의 머리가 떨어졌습니다."

암두화상이 껄껄거리며 크게 웃었다.

그 스님은 이후에 설봉화상에게 갔다.

설봉화상이 물었다.

"어디에서 오는가?"

스님이 대답했다.

"암두화상에게서 오는 길입니다."

설봉화상이 말했다.

"무슨 말씀을 하시던가?"

그 스님이 일전의 일화를 들어 이야기했더니, 설봉화상이 삼십 방망이질을 쳐서 쫓아내 버렸다.

2-44.
목구멍과 입을 모두 없애면
어떻게 말하겠는가

위산潙山 스님, 오봉五峯 스님, 운암雲岩 스님이 함께 스승인 백장화상을 모시고 서 있었다.

백장화상이 위산 스님에게 물었다.
"목구멍과 입을 모두 없애면 어떻게 말하겠는가?"
위산 스님이 대답했다.
"대사님께서 말씀해 주시지요."
백장화상이 말했다.
"나도 네게 말해 주고 싶지만, 그러고 나면 이후에 내 법이 끊어지게 될까 두렵다."

백장화상이 다시 오봉 스님에게 물었다.
"목구멍과 입을 모두 없애면 어떻게 말하겠는가?"

오봉 스님이 대답했다.

"대사님도 같이 없앱니다."

백장화상이 말했다.

"사람들이 없는 곳에서 손을 이마에 대고 너를 바라 보겠다."

백장화상이 다시 운암 스님에게 물었다.

"목구멍과 입을 모두 없애면 어떻게 말하겠는가?"

운암 스님이 대답했다.

"대사는 아직도 목구멍과 입을 갖고 계십니까?"

백장화상이 말했다.

"내 법이 끊어져 버렸다."

2-45.
투자의 제일의(第一義)

한 스님이 투자화상에게 물었다.

"모든 소리가 깨달음의 소리라고 하는데 맞습니까?"

투자화상이 대답했다.

"그렇다."

스님이 말했다.

"지금 대사님의 말씀은 똥 떨어지는 소리랑 놋쇠 주발 쟁쟁거리는 소리 같습니다."

투자화상이 바로 후려쳤다.

스님이 다시 물었다.

"거친 말이나 미세한 말이나 모두 진리의 제일가는 뜻을 말할 수 있다는데 맞습니까?"

투자화상이 대답했다.

"그렇다."

스님이 말했다.

"그렇다면 대사님을 한 마리 노새라고 불러도 되겠
습니까?"

투자화상이 바로 후려쳤다.

낭송Q시리즈 서백호
낭송 선어록

3부
자유와 춤

3-1.
반야의 본체와 작용

한 스님이 지문화상에게 물었다.

"반야의 본체란 어떤 것인지 여쭙습니다."

지문화상이 대답했다.

"조개가 밝은 달을 품었다."

그 스님이 다시 말했다.

"반야의 작용은 어떤 것인지 여쭙습니다."

지문화상이 대답했다.

"토끼가 새끼를 뱄다."

3-2.
개에게도 불성이 있습니까①

한 스님이 조주화상에게 물었다.

"개에게도 불성이 있습니까?"

조주화상이 대답했다.

"없다."

3-3.
백장화상과 여우 노인

백장화상이 설법할 때 한 노인이 항상 대중들을 따라와 설법을 들었는데, 대중들이 돌아가면 노인도 돌아갔다. 그러던 어느 날 노인이 돌아가지 않고 남았다. 백장화상이 물었다.

"지금 내 앞에 서 있는 그대는 어떤 사람인가?"

노인이 말했다.

"저는 사람이 아닙니다. 먼 옛날 가섭불 시대에 이 산문을 지키던 주지였습니다. 그런데 어느 날 한 학인이 찾아와 저에게 이렇게 물었습니다. '크게 수행한 자들도 인과에 떨어집니까?' 저는 '불락인과不落因果, 즉 인과에 떨어지지 않는다'라고 대답하였는데, 그 길로 오백 년을 여우의 몸으로 살고 있습니다. 저는 지금 화상께서 한 마디 깨달음의 말로 이 여우의 몸을 털어 주길 간청합니다."

이렇게 말하면서 노인은 화상에게 물었다.

"화상이시여, 크게 수행한 자도 인과에 떨어집니까?"

백장선사가 대답했다.

"불매인과不昧因果! 인과에 어둡지 않다!"

노인은 이 한마디로 크게 깨우쳤다. 노인이 예를 갖추며 말했다.

"저는 이제 여우의 몸을 벗게 되었습니다. 산 뒤편에 껍데기가 있으니, 화상께서 죽은 승려를 대하듯 일을 치러 주시기를 감히 바랍니다."

백장화상은 유나維那를 시켜 대중 스님들에게 오늘 공양을 마친 후에는 죽은 스님의 장례가 있을 것이라고 알렸다. 대중 스님들은 말하기를 "이렇게 모두 건강하고 열반당에도 환자가 없는데 무슨 일인가?"라고 하였다. 공양을 마친 후 백장화상은 대중 스님들을 이끌고 산 뒤쪽 바위 아래 이르렀다. 지팡이로 가리킨 곳에서 죽은 여우를 끌어내었고 이내 화장했다. 저녁 무렵 백장화상은 법당에 올라서 낮에 있었던 인연의 일들을 말씀하셨다. 그러자 황벽 스님이 곧바로 물었다.

"옛사람은 제대로 된 깨달음의 한 마디를 잘못 말하는 바람에 오백 년을 여우의 몸으로 살았습니다. 만일 그때 제대로 말해 주었더라면 어찌 되었을까요?"

백장화상이 말씀하셨다.

"이리 가까이 오게. 내 너에게 가르쳐 주겠다."

황벽 스님은 백장화상 앞으로 다가갔는데, 가까이 이르러서는 느닷없이 백장화상의 따귀를 세게 때렸다. 그 순간 백장화상은 손뼉을 치고 웃으며 말했다.

"여우의 수염이 붉다고 말하려 했더니, 여기 붉은 수염이 여우였구나."

3-4.
동자승의 손가락을 잘라버린 구지화상

구지화상은 사람들에게 질문을 받으면 그저 한 손가락만을 세워서 보여 주었다. 훗날 구지화상의 절에는 동자스님이 함께 지내게 되었는데, 어느 날 화상이 외출한 동안에 어떤 사람이 찾아왔다. 그 사람은 구지화상이 없자 동자스님께 물었다.

"구지화상께서 불법의 요체를 평소 뭐라 하시던가?"
이에 동자스님은 손가락 하나를 세워서 보여 주었다. 구지화상은 나중에 그 말을 듣고 칼을 들어 동자스님의 손가락을 잘라 버렸다. 동자스님은 고통으로 비명을 지르며 달아났다. 그때 구지화상이 달아나고 있는 동자스님을 소리쳐 불렀다. 동자스님이 돌아보자, 구지화상은 손가락 하나를 세워서 보여 주었다. 그 순간 동자스님은 홀연히 깨달았다.

구지화상은 세상을 떠날 때가 되었을 때, 이렇게 말했다.

"나는 손가락 세우는 걸 천룡화상天龍和尚에게서 배웠는데, 평생 이것을 사용했지만 아직도 다 쓰지 못했구나."

구지화상은 말을 마치고 입멸하셨다.

3-5.
서천의 오랑캐 달마는 왜 수염이 없는가

혹암화상或庵和尚이 말했다.

"서천의 오랑캐 달마는 왜 수염이 없는가?"

3-6.
나무 위의 일을 묻다

향엄화상香嚴和尙이 말했다.

"어떤 사람이 나무 위에 올라가서 입으로는 나뭇가지를 문 채, 손도 나뭇가지를 붙잡지 않고, 발도 나무를 딛지 않은 상태로 매달려 있었다. 이때 나무 아래에서 어떤 사람이 나무 위의 매달린 사람에게 '서쪽으로부터 달마가 온 까닭이 무엇이냐'고 물었다. 대답하지 않으면 질문을 무시하는 것이 되고, 대답하게 되면 떨어져 목숨을 잃게 될 것이다. 이럴 때는 어떻게 해야 하는가?"

3-7.
세존이 꽃을 들다

석가 세존이 옛날 영산에서 설법하실 때 대중들에게 꽃을 들어 보였다. 그러자 대중은 모두 어찌할 줄 몰라 침묵했는데, 오직 가섭迦葉 존자尊者만이 얼굴 가득 환한 미소를 지었다.

세존께서 말씀하였다.

"나에게는 정법안장正法眼藏, 열반적정涅槃妙心, 실상무상實相無相의 미묘한 법이 있다. 하지만 문자로 말할 수 없고 가르침을 통해 전할 수도 없으니, 마하摩訶 가섭에게 부탁하여 맡기노라."

3-8.
그럼 발우를 씻게

한 젊은 스님이 조주 스님께 물었다.

"저는 이와 같은 큰 사찰에 처음 와 봅니다. 부디 큰 스님께서 제게 존귀한 가르침을 주시기 바랍니다."

그러자 조주 스님이 말했다.

"아침 죽은 먹었는가?"

젊은 스님이 대답했다.

"예, 먹었습니다."

조주 스님이 말했다.

"그렇다면 발우를 씻게."

젊은 스님은 깨달았다.

3-9.
바큇살 백 개짜리 수레

월암화상月庵和尙이 한 스님에게 물었다.

"수레의 명인 해중奚仲이 바퀴살이 백 개나 되는 수레를 만들었는데, 양쪽 수레머리를 들어내고 축을 제거해 버린다면 어떻게 되겠는가?"

3-10.
부처는 불도를 이루지 않는다

청양화상淸讓和尙에게 한 스님이 물었다.

"대통지승불大通智勝佛이 10겁의 세월 동안 도량에서 좌선하지만 아직 불법도 나타나지 않았고 불도도 이루어지지 않은 것에 대해 여쭙습니다."

청양화상이 대답했다.

"질문이 제대로 맞아떨어져야 한다."

스님이 말했다.

"이 청정한 도량에서 좌선했는데 어째서 불도를 이루지 못하는 것입니까?"

청양화상이 말했다.

"그가 불도를 이루지 않기 때문이다."

3-11.
말에도 침묵에도 걸리지 않기

한 스님이 풍혈화상風穴和尚에게 물었다.

"말을 하든 침묵하든 리離 아니면 미微의 세계에 들게 됩니다. 어떻게 해야 형상 분별을 떠난 리離의 세계와 인연따라 천차만별로 미세하게 드러나는 미微의 세계에 빠지지 않고 자유자재할 수 있습니까?"

풍혈화상이 말했다.

"강남 땅 춘삼월 기억이 아득하다. 자고새 울고 온갖 꽃들은 향기롭고."

3-12.
세번째 자리에서 설법하다

앙산화상이 미륵불이 있는 곳으로 가서 세번째 자리
에 앉는 꿈을 꾸었다. 한 존자가 나무망치로 받침대
를 치며 말했다.

"오늘은 세번째 자리가 설법하겠습니다."

앙산화상이 나무망치로 받침대를 치고 말했다.

"대승大乘의 법法은 사구四句를 떠나고 백비百非를 끊
습니다. 잘 들으십시오. 잘 들으십시오."

3-13.
두 명의 스님이 주렴을 말아올리다

스님들이 점심 공양 전에 법당에 예를 갖추려고 모이
자, 청량淸凉 큰스님이 손을 들어 주렴을 가리켰다. 이
때 두 명의 스님이 함께 가서 그 주렴을 말아올렸다.
청량화상이 말했다.
"한 사람은 도를 깨달았고, 한 사람은 잃었다."

3-14.
뜰 앞의 잣나무

한 스님이 조주 스님에게 물었다.

"달마조사가 서쪽에서 온 뜻이 무엇입니까?"

조주 스님이 대답했다.

"뜰 앞의 잣나무."

3-15.
소가 창문을 통과하다

오조 법연화상이 말했다.

"비유하자면 물소가 격자 창살을 통과하는 격이다. 머리와 뿔, 그리고 네 발굽은 모두 창살을 빠져나갔다. 그런데 꼬리가 빠져나가지 못한다. 어째서인가?"

3-16.
말에 떨어져 버리다

한 스님이 운문화상에게 물었다.

"광명적조변하사光明寂照遍河沙: 광명은 고요히 두루 전 우주를 비추고……."

한 구절이 채 끝나기도 전에 운문화상이 불쑥 말했다.

"그것은 장졸張拙 수재의 말이 아닌가?"

스님이 대답했다.

"그렇습니다."

운문화상이 말했다.

"말[話]에 떨어져 버렸다."

훗날 사심死心 스님이 이 이야기를 들어 말했다.

"말해 보라, 이 스님이 떨어져 버렸다는 말이 어느 곳인지!"

3-17.
말할 수 없으니 걷어차 버려라

위산화상이 백장화상 문하에서 공양주 일을 맡고 있을 때였다. 백장화상은 대위산 주지를 선출하기 위해 위산화상과 수좌 스님에게 대중 앞에서 각자의 수행 경지를 말하게 했다. 빼어난 기량을 보인다면 대위산으로 갈 수 있다.

백장화상이 물병을 들어 바닥에 놓고 말했다.

"물병이라고 말해서는 안 된다. 그럼 너희 둘은 어떻게 부르겠느냐?"

수좌가 대답했다.

"나무토막이라고 부를 수는 없습니다."

백장화상은 이어 위산에게 물었다. 위산화상은 곧 물병을 걷어차 넘어뜨리고 나가 버렸다.

백장화상이 웃으며 말했다.

"수좌가 위산에게 졌다."

이에 따라 위산화상을 대위산의 주지로 임명했다.

3-18.
달마가 혜가의 마음을 편안히 하다

달마조사가 면벽 수행하고 있을 때였다. 혜가慧可가
눈 속에 서서 자신의 팔을 자르고 말했다.
"제 마음이 아직 편안하지 않습니다. 스승께서 부디
마음을 편안히 해주시기를 바랍니다."
달마 조사가 말했다.
"마음을 가져오라. 너에게 편안함을 주겠다."
혜가가 말했다.
"마음을 찾아보았지만 끝내 찾을 수 없었습니다."
달마조사가 말했다.
"너를 위해 마음을 편안하게 해주었다."

3-19.
문수보살과 삼매에 든 여인

인젠가 문수보살이 여러 부처들이 모인 곳에 이르렀을 때, 여러 부처들은 각자의 본래 자리로 돌아가 버리고 말았다. 다만 한 여인이 석가세존 가까이에서 삼매에 들어 있었다.

문수보살이 석가세존에게 물었다.

"어찌해서 이 여인은 세존의 가까운 자리에 앉을 수 있고 저는 그렇게 할 수 없는 것입니까?"

세존은 문수보살에게 말했다.

"네가 이 여인을 깨워 삼매에서 빠져나오게 한 다음 직접 물어보라."

문수보살은 여인의 주변을 세 번 돌고 손가락을 한 번 탁 튕기고는 이내 범천왕에게 맡기며 신통력을 다 했지만 끝내 깨우지 못했다.

세존이 말했다.

"설령 수백 수천 명의 문수보살이 있다 해도 이 여인을 삼매에서 깨어나게 할 수 없다. 여기에서 지하 쪽으로 12억 개의 갠지스강 모든 모래알 수만큼 많은 땅들을 내려가면 망명罔明보살이 있을 것이다. 망명보살만이 이 여인을 삼매에서 깨어나게 할 수 있다."

그 순간 눈 깜짝할 사이에 망명대사가 땅에서 솟아나와 세존에게 절을 하였다. 세존이 망명보살에게 명령을 내리자, 망명보살이 여인 앞에 이르러 손가락을 한 번 탁 튕겼다. 여인은 곧바로 삼매의 경지에서 빠져나왔다.

3-20.
수산의 죽비

수산화상이 대중 스님들에게 죽비를 들어 보이며 말했다.

"그대들이 이것을 죽비라고 부른다면 이름에 저촉되는 게 되고, 죽비라고 부르지 않는다면 사실에 위배되는 것이 된다. 자, 말해 보라. 이것을 무엇이라고 부르겠는가?"

3-21.
파초의 지팡이

파초^{芭蕉}화상이 대중들에게 말했다.

"너희에게 지팡이가 있다면, 나는 너희에게 지팡이를 줄 것이다. 너희에게 지팡이가 없다면, 나는 너희에게서 지팡이를 빼앗을 것이다."

3-22.
그는 누구인가?

동산 법연 스님이 말했다.

"석가도 미륵도 그의 노예일 뿐이다. 자, 말해 보라.
그는 누구인가?"

3-23.
앙산이 가래를 꽂다

위산화상이 앙산화상에게 물었다.

"어디에서 오는 길인가?"

앙산화상이 대답했다.

"밭에서 옵니다."

위산화상이 다시 물었다.

"밭에는 몇 명이 있는가?"

앙산화상이 가래를 땅에 꽂고 합장하며 섰다.

위산화상이 말했다.

"남산에는 많은 사람들이 띠를 뽑는다."

앙산화상은 가래를 뽑아 들고 가 버렸다.

3-24.
법안의 털끝

법안화상이 수산주修山主에게 물었다.

"털끝만큼이 어긋나면 하늘과 땅의 차이보다 크게 벌어진다는 말이 무슨 뜻인가?"

수산주가 대답했다.

"털끝만큼이 어긋나면 하늘과 땅의 차이보다 크게 벌어지는 것입니다."

법안화상이 다시 말했다.

"그렇게 한다고 또 어찌 되겠는가?"

수산주가 다시 대답했다.

"저는 이것뿐입니다만 스님은 어떻습니까?"

법안화상이 대답했다.

"털끝만큼이 어긋나면 하늘과 땅의 차이보다 크게 벌어진다."

수산주가 바로 절을 올렸다.

3-25.
개에게도 불성이 있습니까②

한 스님이 조주화상에게 물었다.

"개에게도 불성이 있습니까?"

조주화상이 대답했다.

"있다."

그 스님이 다시 물었다.

"이미 있다면 어째서 저러한 가죽주머니에 들어가 있습니까?"

조주화상이 말했다.

"그가 알면서도 짐짓 들어간 것이다."

또 다른 스님이 물었다.

"개에게도 불성이 있습니까?"

조주화상이 대답했다.

"없다."

이 스님이 다시 물었다.

"일체 중생 모두에게 불성이 있는데 어째서 개만 없습니까?"

조주화상이 말했다.

"그가 업이 있기 때문이다."

3-26.
운문의 수미산

한 스님이 운문화상에게 물었다.

"한 생각도 일으키지 않는다면 허물이 있습니까, 없습니까?"

운문화상이 대답했다.

"수미산須彌山."

3-27.
지장의 친절

지장화상이 법안 스님에게 물었다.
"상좌는 어디로 가려는가?"
법안 스님이 대답했다.
"이곳저곳 행각하겠습니다."
지장화상이 다시 물었다.
"행각이 무엇인가?"
법안 스님이 대답했다.
"모르겠습니다."
그러자 지장화상이 말했다.
"모른다는 바로 그것이 가장 가깝고 절실한 것이다."
법안 스님이 크게 깨달았다.

3-28.
덕산이 할을 지르니 암두가 절을 하다

암두화상이 덕산화상을 찾아가서는 문턱에 이르러 물었다.

"나는 범부입니까, 성인입니까?"

덕산화상이 문득 할을 질렀다.

그러자 암두화상이 절을 올렸다.

동산화상이 이 소식을 전해듣고는 말했다.

"만일 탁 트여 공공연한 것이 아니었다면 감당해 내기가 무척 어려웠을 것이다."

암두화상이 이 말을 전해듣고 말했다.

"동산 노인은 좋고 나쁜 것도 모르는구나. 나는 그때 한 손은 들고 한 손은 내렸다."

3-29.
염관의 무소뿔 부채

어느 날 염관화상鹽官和尙이 시자를 불러 말했다.

"무소의 뿔 부채를 가져다 달라."

시자가 대답했다.

"부채가 망가졌습니다."

염관화상이 다시 말했다.

"부채가 망가졌으면 무소라도 돌려 달라."

시자가 아무 말이 없었다. 이때 옆에 있던 자복화상資福和尙이 동그라미 하나를 그리고 그 가운데에 소 우牛 자를 썼다.

3-30.
호국의 세 차례 웃음거리

한 스님이 호국화상護國和尙에게 물었다.

"학이 마른 소나무 끝에 섰다는 게 무슨 뜻입니까?"

호국화상이 대답했다.

"땅에 있는 이에게는 한바탕의 비웃음거리다."

스님이 다시 물었다.

"방울물이 꽁꽁 얼 때라는 건 무슨 뜻입니까?"

호국화상이 대답했다.

"해가 뜨고 나면 한바탕 비웃음거리다."

스님이 또 다시 물었다.

"회창會昌: 당 무종(武宗, 841~846)의 연호 시절 불법이 탄압될 때 도태된 선사들은 다 어디로 갔습니까?"

호국화상이 대답했다.

"산문 앞의 두 금강신이 한바탕 비웃음거리다."

3-31.
풍혈의 무쇠소

풍혈화상이 영주 관아에서 법당에 올라 설법했다.

"조사 스님들의 마음도장은 모양이 무쇠소의 바탕과 같다. 때면 도장 자국이 머물고, 떼지 않으면 도장 자국이 뭉개진다. 버리지도 않고 머무르지도 않는 그때에는 도장을 찍어야 옳겠는가, 도장을 찍지 않아야 옳겠는가?"

이때 노파장로가 나서며 물었다.

"저에게 무쇠소의 바탕이 있습니다. 청컨대 화상께서는 도장을 본뜨지 마십시오."

풍혈화상이 말했다.

"평소 고래를 낚아서 바다를 맑히고자 했는데, 이제는 도리어 개구리가 갯벌을 휘저어 물을 흐리니 딱하도다."

이에 노파장로가 망연히 생각에 잠겼다.

풍혈화상이 할을 지르며 말했다.

"장로여, 어째서 입을 열지 못하는가?"

노파장로가 마침내 한 마디 입을 열려는 순간, 풍혈화상이 불자를 들어 한 차례 내리치며 말했다.

"오늘 화두를 기억하는가? 말해 보라."

노파장로가 입을 열려고 하자, 풍혈화상은 또 한 번 불자를 휘둘러 노파장로를 내리쳤다.

목주 스님이 말했다.

"불법과 왕법은 한가지구나."

풍혈화상이 말했다.

"무엇을 보았는가?"

목주 스님이 대답했다.

"끊어야 할 곳에서 끊지 않으면 도리어 환란이 초래됩니다."

풍혈화상이 자리에서 내려왔다.

3-32.
남산엔 구름, 북산엔 비

운문화상이 대중 스님들에게 말했다.

"옛 부처님과 노주스님이 한 판 붙었으니 이것이 몇 번째에 해당하는 급수인가?"

대중 스님들은 말이 없었다. 그러자 운문화상이 대신 대답하여 말했다.

"남산에 구름이 이니, 북산에 비가 내린다."

3-33.
앙산의 마음과 경계

앙산화상이 한 스님에게 물었다.

"어디 사람인가?"

그 스님이 대답했다.

"유주幽州 사람입니다."

앙산화상이 다시 물었다.

"그대는 그곳에서의 일을 생각하는가?"

그 스님이 대답했다.

"늘 생각합니다."

앙산화상이 말했다.

"생각하는 것은 마음이고, 생각되는 것은 장면이다. 그곳의 산하와 대지, 누대며 전각, 인간과 가축 등등의 것들에 대하여 생각하는 그 마음을 돌이켜 생각해 보라. 그것도 그렇게 여러 가지가 있는가?"

그 스님이 대답했다.

"저는 지금 여기까지 이르고 보니 전혀 보이는 게 없습니다."

앙산화상이 말했다.

"믿음의 지위는 옳고 사람의 지위는 아직 옳지 않다."

그 스님이 말했다.

"대사께서 제게 따로 일러 주실 만한 게 없을까요?"

앙산화상이 대답했다.

"따로 있다거나 따로 없다거나 하면 적절치 못하다. 그대가 보아 낸 것에 의거해 다만 한 가지씩 현묘한 깨달음을 터득한다면 앉을 자리를 얻어 옷을 걸치게 될 것이다. 그 이후 스스로 보게 될 것이다."

3-34.
풍혈의 한 티끌

풍혈화상이 법어를 내렸다.

"티끌 하나를 세운다면 나라가 흥할 것이고, 티끌 하
나를 세우지 못한다면 나라가 망할 것이다."

설두화상雪竇和尙이 지팡이를 들어 올리며 말했다.

"같이 살고 같이 죽을 승려는 없는가?"

3-35.
낙포의 굴복

낙포화상樂浦和尙이 협산화상夾山和尙을 찾아왔는데 절도 올리지 않은 채 바짝 마주 섰다.

협산화상이 말했다.

"닭이 봉황의 둥지에 깃들였네. 같은 종류가 아니다. 나가라!"

낙포화상이 말했다.

"먼 곳에서 명성을 듣고 달려왔습니다. 한번 보듬어 주시지요."

협산화상이 말했다.

"내 눈 앞엔 그대가 없고 여기에는 노승이 없다."

낙포화상이 문득 할을 질렀다.

그러자 협산화상이 말했다.

"가만히 있어라. 아직 경솔히 굴지 말라. 구름과 달은 같으나 산과 개울은 각각이 다르다. 천하 사람들의 혀를 끊어 버리는 일은 없지 않겠지만, 어찌 혀 없는 사람으로 하여금 말을 하도록 할 수야 있겠는가?"

낙포화상이 말이 없자, 협산화상이 한 방 후려갈겼다. 낙포화상이 굴복했다.

3-36.
위산의 업

위산화상이 앙산화상에게 물었다.

"하루는 어떤 사람이 와서 말하기를, '일체 중생은 다만 업이 드넓을 뿐이어서 어디 기대어 볼 만한 근본이 없습니다'라고 했다. 그대는 어떻게 생각하는가?"

앙산화상이 대답했다.

"만약 한 승려가 오면 '아무개야!'라고 부르고, 돌아보면 곧바로 '이 머꼬?'라고 말하고, 그가 무언가 따져 물어 대답하려고 하면 그를 향해서 이렇게 말합니다. '업이 드넓을 뿐인 것도 아니고, 어디 기대어 볼 만한 근본이 없는 것도 아니다.'"

위산화상이 말했다.

"좋구나."

3-37.
임제의 참된 자유인

임제선사가 대중 스님들에게 법문하며 말했다.

"어디에도 얽매이지 않는 참된 자유인이 늘 그대들의 눈앞에서 들고 난다. 아직 이것을 알지 못하는 초심자들은 잘 살펴보라."

이때 한 스님이 나서며 물었다.

"어디에도 얽매이지 않는 참된 자유인은 어떤 것입니까?"

임제선사가 연단에서 내려와 질문한 스님의 멱살을 움켜잡았다. 그 스님이 무언가 따져 물으려고 하는데, 임제선사가 손으로 확 밀어 내치며 말했다.

"어디에도 얽매이지 않는 참된 자유인은 똥막대기이다."

3-38.
낙포의 임종

낙포화상이 임종할 때 대중 스님들에게 말했다.

"지금 어떤 한 가지 일에 관해 그대들에게 묻겠다. 이 것이 만약 옳으면 머리 위에 머리를 편안히 포개는 격이지만, 만약 옳지 않으면 머리가 잘리고도 살기를 구하는 격이 될 것이다."

이때 수좌가 말했다.

"청산은 늘 우뚝하고, 한낮에는 등을 켤 필요가 없습 니다."

낙포화상이 물었다.

"지금이 어느 때인데 이런 말을 하는가?"

언종彦從이라는 상좌승이 나서며 말했다.

"이 두 개의 길을 떠난 일은 묻지 마시길 바랍니다."

낙포화상이 말했다.

"아직 아니다. 다시 말해 보라."

언종이 말했다.

"저는 말로 다할 수 없습니다."

낙포화상이 말했다.

"나는 네가 말로 다할 수 있는지 없는지 상관없다."

언종이 말했다.

"저에게는 화상께 대답할 수 있는 시자가 없습니다."

저녁이 되자 낙포화상은 언종 스님을 소리쳐 부르고는 말했다.

"그대가 오늘 대답한 것에 어떤 이유가 있는가? 앞선 조사 스님들의 말을 체득하고 거기에 부합되어야 한다. 요컨대 '법은 눈앞에 없지만 뜻은 눈앞에 있다. 그것은 눈앞의 법이 아니기에, 눈이나 귀 같은 것이 미칠 바 아니다'라는 것이다. 이 중에 누가 주인이고 누가 손님인가? 만일 가려낸다면 발우와 걸망을 주겠다."

언종이 말했다.

"모르겠습니다."

낙포화상이 말했다.

"너는 알아야 한다."

언종이 말했다.

"진실로 모르겠습니다."

낙포화상이 할을 질렀다. 그리고 말했다.

"괴롭다 괴로워."

한 스님이 낙포화상에게 물었다.

"대사님이 깨달은 바에 관해 여쭙습니다."

낙포화상이 말했다.

"평화로운 배가 맑은 물 위에서 아직 노도 젓지 않았는데, 검의 날처럼 날카롭고 험한 산골짜기에서는 공연히 나무로 조각한 거위를 풀어놓는 헛수고를 하고 있구나."

3-39.
남양의 물병

한 스님이 충국사 남양화상南陽和尚에게 물었다.

"무엇이 노스님의 본래 몸입니까?"

남양화상이 대답했다.

"내게 저 물병을 가져다 달라."

질문했던 스님이 물병을 가지고 오자, 남양화상이 말했다.

"다시 있던 곳에 두어라."

스님이 다시 물었다.

"무엇이 노스님의 본래 몸입니까?"

남양화상이 대답했다.

"옛날의 부처님은 오래전에 가 버렸다."

3-40.
나산의 생겨남과 소멸함

나산화상羅山和尙이 암두화상에게 물었다.

"생겨남과 소멸함이 멈추지 않는 때란 어떤 것입니까?"

암두화상이 꾸짖으며 말했다.

"누가 생겨나고 소멸하는가?"

3-41.
유마의 침묵

유마힐維摩詰이 문수보살文殊師利에게 물었다.

"어떻게 해야 보살이 불이법不二法의 문으로 들어갈 수 있습니까?"

문수보살이 대답했다.

"일체의 법에 대해 말도 없고 설명도 없으며, 보여 줌도 없고 알려 줌도 없으며, 모든 물음과 답변을 떠나는 것. 이렇게 할 수 있어야 불이법의 문에 들어가는 것입니다."

이번에는 문수보살이 유마힐에게 물었다.

"저는 설명을 마쳤습니다. 이제 현자인 그대가 설명해야 합니다. 어떻게 해야 보살이 불이법의 문으로 들어갈 수 있습니까?"

유마힐은 침묵했다.

3-42.
설봉의 이 머꼬

설봉화상이 암자에 머무를 때 두 명의 스님이 와서 절을 했다. 설봉화상이 이것을 보고는 손으로 암자의 문을 열치고 뛰어 나가면서 말했다.

"이 머꼬?(이게 무엇이냐?)"

한 스님이 말했다.

"무엇입니까?"

설봉화상이 고개를 떨구고 암자로 돌아왔다.

스님이 후에 암두화상에게 갔다.

암두화상이 물었다.

"어디에서 오는 길인가?"

스님이 대답했다.

"영남에서 옵니다."

암두화상이 말했다.

"설봉에게도 다녀오는 길인가?"

스님이 대답했다.

"다녀왔습니다."

암두화상이 물었다.

"설봉이 무엇이라 하던가?"

스님이 대답했다.

"그는 아무 말 없이, 고개를 숙이고 암자로 돌아갔습니다."

암두화상이 말했다.

"아뿔싸! 그때 마지막 구절을 일러 주지 못했구나! 만일 그때 제대로 말해 줬더라면 천하 사람들이 설봉 노인을 어쩌지 못했을 텐데."

스님이 해제날_{안거(安居) 수행을 마치는 것}이 되어 다시 한 번 일전의 화두를 거론하며 물었다.

암두화상이 말했다.

"왜 진작에 묻지 않았는가?"

스님이 대답했다.

"감히 경솔할 수 없었습니다."

암두화상이 말했다.

"나와 설봉은 비록 같은 줄기에서 태어났지만 같은 줄기에서 죽지는 않을 것이다. 마지막 구절을 알고자 한다면 단지 이것뿐이다."

3-43.
생각 생각마다 정체하지 않는다

한 스님이 조주화상에게 물었다.

"갓난아기도 육식六識이 있습니까, 없습니까?"

조주화상이 대답했다.

"급한 물살에 공을 때리는 격이다."

스님이 투자화상에게 가서 다시 물었다.

"'급한 물살에 공을 때린다'의 뜻을 여쭙습니다."

투자화상이 대답했다.

"생각 생각마다 정체하지 않는다."